DE LA
NÉCESSITÉ DE L'ENSEIGNEMENT
DE LA
GYMNASTIQUE
DANS
LES VILLES ET DANS LES CAMPAGNES

PAR

Léon GALLEY

Professeur de gymnastique à Arras

ARRAS

SUEUR-CHARRUEY, Libraire-Éditeur

31, Petite-Place, 31

—

1882

DE LA
NÉCESSITÉ DE L'ENSEIGNEMENT
DE LA
GYMNASTIQUE

DANS

LES VILLES ET DANS LES CAMPAGNES

PAR

Léon GALLEY

Professeur de gymnastique à Arras

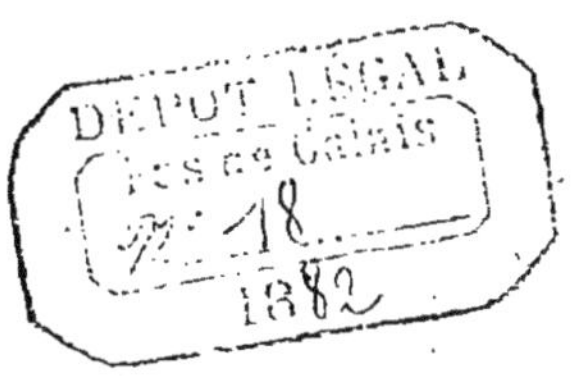

ARRAS

SUEUR-CHARRUEY, Libraire-Éditeur

31, Petite-Place, 31

—

1881

La bonne éducation est celle
qui peut donner au corps et
à l'âme toute la beauté toute
la perfection dont ils sont
capables.

(Platon, Républ. VII).

Aujourd'hui que les législateurs français viennent de décréter l'obligation de l'enseignement de la gymnastique dans toutes les écoles publiques de garçons en France, et que l'introduction de cette branche d'éducation va entrer dans le domaine de la réalité, nous croyons nécessaire de publier, particulièrement à l'adresse du corps enseignant, quelques considérations sur l'utilité de cet enseignement.

Après un petit aperçu historique de la gymnastique, nous traiterons cette question aux différents points de vue des avantages *physiologiques, hygiéniques, militaires, patriotiques,* et *moraux,* ainsi qu'au point de vue de l'*école,* pour les enfants des deux sexes.

I

La gymnastique chez les anciens. — Parmi les peuples de l'antiquité, les Grecs développèrent avec intelligence et succès l'art de la gymnastique. Sous un ciel pur et doux, les Hellènes, délivrés par les Ilotes des soucis et de tous les travaux accablants, parvinrent à donner au corps ce degré de force et de beauté que nous admirons encore dans les restes de l'art plastique de cette époque.

Déjà dès le VIe siècle avant notre ère, Pythagore, secondé par Solon, réglait les exercices corporels et en faisait un véritable art. Son but était de développer l'*intelligence*, les *sentiments*, la *volonté* et le *corps*. Sous sa direction et avec l'appui des magistrats, on construisit des gymnases, édifices superbes avec portiques, cours spacieuses, allées ombragées, bains publics. C'est dans ces bâtiments ornés de statues, de tableaux, d'autels même, que la jeunesse hellénique, sous la direction de maîtres spéciaux et de médecins, se livrait aux exercices corporels, et parvenait à cette perfection dont l'histoire nous fait un tableau si flatteur. Un corps vigoureux, une démarche assurée, une tenue noble, un regard vif, le courage, l'énergie, la constance, l'amour de la patrie, voilà les fruits de la gymnastique chez cet heureux peuple de la liberté, de la beauté et des arts.

Comme l'indique la racine du mot « gymnastique, » *gymnos*, *nu*, les Grecs se dépouillaient de leurs vêtements pour se livrer aux exercices corporels. Dans cet état, ils se frottaient le corps avec de l'huile pour se durcir la peau, puis avec du sable pour l'empêcher d'être trop lisse, à la lutte surtout. Cet usage fut introduit de Crète à Sparte, puis à Athènes. Toutefois on ne saurait admettre qu'ils fussent toujours et complètement nus aux exercices.

Lycurgue voulut que les jeunes filles aussi se fortifiassent par la gymnastique, afin que les enfants qu'elles concevraient prissent une plus forte constitution dans des corps robustes et qu'elles-mêmes endurcies par ces exercices supportassent avec plus de courage et de facilité les douleurs de l'enfantement. Le trait suivant, cité par Plutarque, donne une idée de l'effet que produisait sur les femmes de Sparte une pareille éducation :

« Les femmes spartiates pouvaient penser et dire avec confiance ce que Gargo, femme de Léonidas, répondit à une femme étrangère qui lui disait :

« Vous autres Lacédémoniennes, vous êtes les seules femmes qui commandiez aux hommes.

« C'est que nous sommes les seules, répondit-elle, qui mettions au monde des hommes. »

En effet les femmes spartiates avaient pris beaucoup d'autorité sur leurs maris qui, obligés d'aller souvent à la guerre, étaient forcés de leur abandonner la conduite de leur maison.

Les fêtes de gymnastique étaient ouvertes avec une grande pompe par des sacrifices et des cérémonies religieuses, qui contribuaient beaucoup à nourrir l'enthousiasme des populations. Les athlètes couronnés obtenaient les plus grands honneurs. Montés sur un char traîné par quatre chevaux blancs, ils rentraient triomphants dans leur ville natale par une brèche faite aux murs de la ville, parce que, pensait-on, une cité possédant de pareils citoyens pouvait se passer de murs. L'Etat leur accordail des prix et des pensions et les nourrissait à ses frais au Prytanée. — Chilon, l'un des sept sages, mourut de joie, en voyant son fils couronné aux jeunes olympiques.

Les principaux exercices des Grecs étaient la *lutte*, le *saut*, la *course*. le *javelot* et le *disque* qui ensemble formaient le *pentathle*. Le philosophe Aristote dit que ceux qui avaient reçu le prix de pentathle étaient les plus beaux hommes. Outre ce prix, on se disputait ceux de la double course, de la course aux chevaux, de la course aux chars, du *pancrace*, ou lutte composée, dans laquelle on pouvait ajouter le secours des pieds, des poings et même des ongles et des dents (pugilat).

Les enfants pouvaient aussi combattre aux jeux olympiques, mais ils avaient un concours particulier et seulement pour le pentathle.

Selon l'histoire, les grecs étaient arrivés à des résultats pratiques presque incroyables dans tous ces exercices. Un jeune garçon, Polymnestor, jeune chèvrier de Milet, attrapait un lièvre à la course, il fut envoyé pour ce fait aux jeux olympiques. Un autre Lasthène, le Thébain, vainquit un cheval dans le trajet de Chéronée à Thèbes. Un troisième fit en un jour le voyage de Platée à Delphes, distantes de vingt lieues, et fut de retour avant le coucher du soleil. Un grec, prisonnier des Perses, voulant rejoindre ses compatriotes, se jeta à la mer et fit quatre lieues à la nage, tantôt sous l'eau et tantôt à la surface. Parmi les lutteurs les plus fameux de l'antiquité on cite communément Milon de Crotone, qui gagna six fois la palme aux jeux olympiques. Nulle force humaine ne pouvait lui écarter les doigts lorsque, appuyant son coude sur son flanc, il présentait sa main fermée. Il pouvait faire sauter une corde enlacée autour de son front en retenant fortement son haleine et en gonflant les veines de sa tête. Il tuait un bœuf de quatre ans d'un coup de poing. Se plaçant debout sur un disque qu'on avait huilé pour le rendre plus glissant, il s'y tenait si ferme qu'aucune secousse ne pouvait l'ébranler, etc.

Après la perte de sa liberté et de son indépendance, la Grèce dégénéra rapidement ; la gymnastique fut presque complètement abandonnée. D'art utile à toute la nation, elle devint l'apanage presque exclusif de jongleurs et d'athlètes de profession.

Les belliqueux *Romains* ne connurent la gymnastique que dans quelques exercices militaires et dans ces spectacles aussi abominables qu'inhumains où les gladiateurs se livraient aux exercices les plus infâmes, s'entregorgeaient même aux applaudissements frénétiques d'une multitude avilie par les Césars. Marius lui-même, malgré son grand âge, allait tous les jours au cirque du Champ de Mars, applaudir ces combats sanglants. Pompée, à l'âge de cinquante-huit ans, allait combattre tout armé avec les jeunes gens ; il montait à cheval, courait bride abattue et lançait des javelots (Plutarque). Aux mâles vertus civiques et à l'austérité des Caton, des Musonius, des Brutus, succéda l'amour des jouissances, la mollesse, la démoralisation. Ce peuple roi ne demanda plus que du pain et des spectacles. C'est alors qu'arriva la grande décadence morale et physique des Romains qui a précipité ces 120 millions d'hommes dans une ruine complète et dans un esclavage honteux.

La gymnastique dans les temps modernes. — Afin de régénérer moralement et physiquement sa nation, Luther voulait substituer la gymnastique éducative des Grecs aux tournois, en allemand *Turnier*, d'où Turner (gymnastique) du Moyen-âge. « Les anciens, écrivait-il, agissaient sagement en occupant la jeunesse à des choses honnêtes et utiles ; la musique et les exercices du corps me plaisent tout particulièrement. La première chasse du cœur les ennuis, les pensées mélancoliques, les séductions du démon : elle rend l'homme plus doux, plus moral, plus raisonnable; elle éloigne la colère, l'impudicité, l'ostentation et d'autres vices pareils. Les seconds rendent le corps agile et libre, entretiennent la santé et empêchent de tomber dans la débauche, dans les jeux, dans l'ivrognerie, etc. Nos jeunes gens doivent être élevés dans le sérieux et la sévérité ; de bonne heure, il faut les habituer à supporter les fatigues et les privations, surtout en vue du service militaire. Salomon est un véritable instituteur, car il ne défend pas aux jeunes gens de fréquenter la société et de s'égayer. La joie et les récréations sont aussi nécessaires à la jeunesse que le manger et le boire. Les vertus que nous devons particulièrement cultiver chez nos jeunes gens sont la crainte de Dieu, l'amour de la patrie, l'activité, la modération le courage et l'humanité. Avec de pareilles armes ils seront toujours prêts au combat, car ils auront *une âme saine dans un corps sain.* »

En 1587, le célèbre médecin italien, Mercurialis, écrivait son ouvrage : *De arte gymnastica*, traitant la gymnastique au point de vue hygiénique et thérapeutique. Dans le même temps, Montaigne, en France, engageait aussi par ses écrits à ne pas séparer l'éducation physique de l'éducation intellectuelle. La théorie de Montaigne était celle-ci : « Ce n'est ni une âme, ce n'est ni un corps qu'il s'agit d'élever, mais bien un homme, il n'en faut pas faire deux. »

Un siècle plus tard, les Anglais Locke et Fuller se distinguèrent dans leurs écrits par l'importance qu'ils donnaient à l'éducation physique. Mais celui qui devait frapper le plus et le mieux tous les savants et les philosophes des XVIIIe et XIXe siècle, fut J.-J. Rousseau, le citoyen de Genève, qui flagella sans pitié les faux principes d'éducation. Avec le fonds d'idées des philosophes Locke et Montaigne, il écrivit son *Emile*, que la cité de Calvin fit brûler par la main du bourreau. Dans cet ouvrage il pose les principes de culture harmonique de toutes les forces vitales de l'homme. Il tient particulièrement compte de la culture physique et veut remettre en honneur la gymnastique des Hellènes. *Plus le corps est faible*, disait-il, *plus il commande ; plus il est fort, plus il obéit*. Les idées nouvelles et originales contenues dans l'ouvrage de Rousseau apportèrent une réforme complète dans l'éducation des enfants et exercèrent la plus grande influence sur le développement des exercices corporels.

Les Allemands se saisirent les premiers de ces nouvelles théories et s'empressèrent de les mettre à exécution. Basedow dans son établissement de Dessau, en 1774, Pestalozzi, en Suisse, et Salzmann dans son institut de Schneepfenthal, (Gotha) en 1784, y appliquèrent les idées de Rousseau. Guts-Muths, qui succéda à ce dernier, enseigna la gymnastique avec le plus grand succès ; il en fit une application à la pédagogie.

A la même époque, le médecin Tissot plaidait la cause de la gymnastique en France, Nachtigall au Danemarck, Ling en Suède. Mais un des hommes qui ont le plus captivé l'attention et les louanges de l'Allemagne entière, et qui par leur énergie et leur talent ont le plus contribué au projet et à l'avancement de la gmnastique, est Jahn, surnommé le Père de la gymnastique, *Turnvater*. Le titre fut réellement justifié par l'enthousiasme que les idées de Jahn excitèrent parmi la jeunesse des écoles et par le nombre des exercices et des appareils qu'il imagina, et pour lesquels il créa en 1816, dans son célèbre ouvrage, la *Gymnastique allem ande*, une technologie nouvelle. Il se montra tour à tour théologien, professeur, écrivain, politique, philologue, soldat et tribun pour la délivrance de son pays (à laquelle il contribua puissamment). Ce fut lui qui inventa les appareils si généralement appréciés de la barre fixe et des barres parallèles. Il mourut à Fribourg en Brisgau, en 1852 ; dans ces dernières années, la Prusse lui a élevé une statue.

Ce fut en 1838 que le gouvernement prussien permit d'enseigner la gymnastique dans les écoles ; en 1842, il déclarait que les exercices du corps devaient être considérés comme partie intégrante de l'instruction et les introduisit dans les gymnases. dans les séminaires (écoles normales), dans les écoles militaires, et enfin, en 1862, dans toutes les écoles primaires. L'exemple donné par la Prusse, fut suivi par tous les autres états allemands. De nombreux établissements destinés à former des maîtres de gymnastique furent fondés. Les fêtes de gymnastique (elles sont fréquentées actuellement par 10 à 12,000 gymnastes), contribuèrent beaucoup à rendre cet art populaire en Allemagne, et elles fournirent l'occasion d'adopter une terminologie, c'est-à-dire des termes techniques uniformes, d'après les propositions du docteur Wassmannsdorf, qui modifia le langage de Jahn. Les sociétés de gymnastique se multiplièrent; en 1865, elles comptaient plus de 150,000 sociétaires adultes.

Aujourd'hui, le nombre des sociétés dépasse 1600, et le chiffre des membres s'élève à près de 200,000. Restées fidèles aux principes de Jahn, leur fondateur, elles contribuèrent beaucoup aux succès des dernières guerres. En Allemagne, ainsi qu'en Suisse, les gymnastes utilisent leurs aptitudes gymnastiques au service des incendies. Environ 800 sociétés ont organisé des corps de pompiers et particulièrement de sauvetage avec un chiffre de 33,000 hommes, servant un matériel de 720 pompes et appareils en cas de feu.

En Suisse, la gymnastique faisait des progrès plus lents, mais plus sûrs; elle se fondait sur une base des plus solides. Depuis les temps les plus reculés, le tir, la lutte, le jet de pierres, la course sont les jeux nationaux favoris de ce pays libre et y occasionnent des fêtes régulières dans lesquelles des applaudissements et des récompenses ne manquent pas aux vainqueurs.

Clias fut pour la Suisse ce que Jahn fut pour l'Allemagne. En 1811, celui-ci inaugurait à Berlin la première place de gymnastique, et la même année, celui-là était appelé à enseigner cette branche à l'institut privé de Gottstat, près de Berne. En 1814, Clias introduisit la gymnastique dans les écoles primaires des deux sexes, et, en sa qualité d'officier d'artillerie, parmi les soldats de son canton. Le gouvernement de Berne, surpris de ses succès, le nomma professeur de gymnastique à l'Académie. En 1816, il fonda une palestre complète qui servit plus tard d'école normale pour plusieurs cantons de la Suisse, et il publia la même année la *Gymnastique élémentaire*. Peu après, Clias se rendit à Paris, puis, en 1821, il fut appelé en Angleterre par le gouvernement où il introduisit les exercices corporels dans les armées de terre et de mer.

Adolphe Spiess continua fort habilement et perfectionna l'œuvre de Clias. Il enseigna la gymnastique à Berthoud et à l'école normale de Munchenbuchsée de 1835 à 1843. Il se rendit en 1844, à Bâle où il organisa les exercices du corps pour les deux sexes, et où il publia la *Gymnastique allemande* et son *Manuel de gymnastique pour les écoles*. De Bâle il alla en 1847 à Darmstadt, où il fut fort apprécié. Il mourut en 1858, en laissant de nombreuses traces de son activité comme propagateur de son art. Un buste de Spiess est placé dans la salle de gymnastique de Darmstadt et un mausolée avec cette inscription, lui a été élevé : « *Au fondateur de la gymnastique scolaire allemande.* » Le nombre infini des exercices du corps n'est exposé nulle part aussi complètement et systématiquement que dans les traités de Spiess.

Niggeler, élève et digne successeur de Spiess, en Suisse, fonda en 1847 la Société cantonale bernoise de gymnastique dont il a été l'âme jusqu'à ce jour, aussi bien que la Société fédérale, fondée en 1832. Grâce à son esprit d'initiative, à son zèle éclairé et à son grand dévouement, la gymnastique est en bonne voie en Suisse. Niggeler continue à Berne l'enseignement de son art favori, il rédige le *Journal des gymnastes* organe de langue allemande de la Société fédérale, et remplit les fonctions d'inspecteur général de gymnastique. Ses nombreux ouvrages ont obtenu une réputation justement méritée aussi bien en Allemagne qu'en Suisse. Le meilleur et le plus complet est sa *Gymnastique pour les écoles*; il est seulement regrettable qu'il n'y ait pas de figures explicatives.

Un homme qui a aussi attiré l'attention et l'admiration de ses contemporains, et qui peut passer à bien des points de vue, pour un des bienfaiteurs de l'humanité, doit aussi être mentionné dans ces quelques lignes. C'est Ling, né à Stockholm en 1777, et plus tard maître d'escrime à l'Université de Lund. Esprit essentiellement généralisateur, il ne put considérer l'escrime que comme le corollaire d'une science qui était à créer, la gymnastique médicale et rationnelle. Il fut le fondateur de l'école suédoise et développa et propagea son système dans son grand et important institut de Stockholm.

En France, en 1780, Tissot, chirurgien major des chevau-légers, fit paraître la *Gymnastique médicale et chirurgicale*, livre qui a le mérite d'avoir été donné le premier en français. Après Tissot, parut de MM. Amar, Durivier et Jauffret, en 1803, un ouvrage intitulé : *Gymnastique de la jeunesse*, traduction littérale de l'excellent ouvrage allemand de Guts-Muths, puis de M. Jullien, l'*Essai général d'éducation physique, morale et intellectuelle*, dont la seconde partie traite, sous forme de tableaux synoptiques, un plan bien conçu d'éducation pratique. Cet ouvrage, imprimé en 1808, est une source inépuisable d'érudition, de recherches savantes et de préceptes utiles.

Il était réservé au suisse Clias, de faire revivre en France l'art de la gymnastique, et d'en populariser les bienfaits. En 1817 et 1819, il donna gratuitement, à Paris, aux sapeurs-pompiers et à d'autres personnes, les premières leçons de gymnastique. Plusieurs de ses élèves ont continué cet enseignement dans l'établissement d'Amoros et dans le corps des sapeurs-pompiers. En 1819, il publia à Paris une édition française de son livre, la *Gymnastique élémentaire*, considérablement développée. Appelé en Angleterre en 1821, il ne revint en France qu'en l'année 1841 ; il se rendit à Besançon et introduisit gratuitement sa méthode à l'École normale et dans d'autres institutions, ainsi que dans plusieurs régiments. Il publia, pendant son séjour à Besançon, deux ouvrages : *Somascétique naturelle*, traitant de l'application de la gymnastique à l'éducation naturelle de l'homme ; *Calisthé-*

nie, méthode particulièrement appropriée à l'éducation physique de l'enfance.

Il revint, en 1843, à Paris, où il enseigna sa méthode dans trois écoles communales, puis il fut nommé définitivement inspecteur général de l'enseignement de la gymastique pour les écoles primaires.

Peu de temps après l'arrivée de Clias à Paris, vint le colonel Amoros, espagnol de naissance, qui fonda une école de gymnastique. Ce fut lui ou plutôt sa méthode qui prévalut à Paris sur celle de Clias ; il sut le devancer et obtint du gouvernement l'appui nécessaire à la fondation d'un établissement d'une importance considérable. Amoros fit venir de Zurich, en 1819, un professeur du nom de Weilenmann, élève de Pestalozzi, et un peu plus tard, Comte et Junod d'Yverdon (Suisse). Amoros put se faire concéder un immense terrain connu sous le nom de parc de Grenelle, dans lequel il établit d'abord le gymnase militaire, puis un an après un gymnase civil. De 1820 à 1826, il fut dépensé plus de 300,000 fr. pour les appareils et les bâtiments. En 1839, Amoros publia un ouvrage en deux volumes, accompagné d'un album de planches gravées et représentant des plans de machines et des figures d'exercices, intitulé : *Manuel d'éducation physique, gymnastique et morale.*

Il avait joint à la pratique des exercices l'accompagnement du chant. En 1838, la suppression du gymnase de Grenelle fut prononcée et Amoros transporta son domicile rue Jean Goujon, où il reçut encore quelques élèves, jusqu'à sa mort, qui eut lieu en 1848. Amoros rendit les plus grands services à sa patrie adoptive (il s'était fait naturaliser en 1816), en y créant, ou plutôt en y vulgarisant la gymnastique civile et militaire, à laquelle il sut le premier intéresser le gouvernement. Il peut être considéré comme un des fondateurs de la gymnastique en France. Aussi, le 22 février 1880, les sociétés de gymnastique de France et un grand nombre de professeurs de gymnastique ont fait une manifestation de reconnaissance devant le tombeau d'Amoros, restauré à l'aide d'une souscription entre les gymnastes français, monument modeste portant entr'autres cette inscription : *Fondateur de la gymnastique en France, mort en regrettant de n'avoir pu faire plus pour elle à cause des obstacles qu'on lui a suscités.*

Après Amoros, et à partir de 1840, les noms de trois hommes de talent, le colonel d'Argy et M. Laisné, collaborateurs d'Amoros, et M. Triat, figurent très honorablement dans la gymnastique française.

C'est aux deux premiers que l'on doit l'établissement de l'école normale de la Faisanderie, près Vincennes, destinée à former des professeurs militaires sous les auspices du ministre de la guerre. Un nom plus moderne encore, qui a une grande auto-

rité et qui ne doit pas être oublié, c'est M. Eugène Paz. On peut dire que c'est aux infatigables efforts de M. Paz, que l'on doit en grande partie l'introduction obligatoire de la gymnastique dans les lycées, et aujourd'hui enfin, dans les écoles primaires de France.

Bien des noms et aussi bien des faits d'une grande valeur se présentent encore, mais nous ne pouvons les citer ici par la raison que notre cadre est trop restreint pour nous étendre davantage sur cette matière ; nous pouvons seulement dire que les dernières années de la renaissance de la gymnastique marqueront dans les annales de l'éducation et que sous le rapport scientifique comme sous le rapport théorique et pratique, on n'a jamais poussé l'enseignement et l'application de la gymnastique aussi loin et avec autant de succès. Aujourd'hui cet enseignement fait partie intégrante de l'éducation dans tous les établissements scolaires des pays civilisés. En France, on attend encore du gouvernement la création d'une école normale centrale pour former les professeurs chargés d'enseigner cette branche avec toute la science qu'elle comporte.

On peut ajouter en terminant que nulle part la gymnastique ne s'est introduite dans les mœurs par l'initiative privée plus qu'en France. Les sociétés libres de gymnastique qui se créent tous les jours plus nombreuses dans notre pays, et qui prennent un si réjouissant essor, propagent d'une manière des plus fécondes les heureux bienfaits de la gymnastique. C'est dans l'Est de la France que ces sociétés ont pris il y a 10 ans la première et la plus sérieuse extension. Le Nord a suivi de près cet exemple salutaire et il peut aujourd'hui se placer honorablement à côté de ses devanciers. L'Ouest et le Midi suivent d'une façon moins enthousiaste cette saine régénération du pays par la gymnastique.

A ce jour, la France compte plus de 200 sociétés avec un effectif de près de 20,000 membres, dont 9,000 prennent une part active aux travaux gymnastiques. Sur ce nombre, 80 sociétés sont réunies en un seul et grand faisceau composant l'*Union des sociétés de gymnastique de France*, avec un chiffre de plus de 5,000 gymnastes actifs. Chaque année cette grande association célèbre sa fête dans une partie différente du territoire, afin de propager dans les populations la cause de la gymnastique. La première de ces fêtes a eu lieu en 1875 à Paris, et la VIIe, le 15 août 1881, au Havre. Reims prépare la VIIIe fête pour 1882.

Cet aperçu historique suffira pour prouver que la gymnastique n'est pas un art nouveau dont on voudrait charger l'école, mais un moyen de développement qui a rendu de grands services et qui est appelé à en rendre encore.

II

Physiologie. — On s'accorde généralement aujourd'hui à reconnaître que l'enseignement de la gymnastique peut avoir son utilité comme moyen de combattre les effets pernicieux de la vie sédentaire et studieuse, on ne lui conteste pas sa place dans les établissements d'instruction supérieure, mais quant à reconnaître qu'il doive figurer dans tout programme d'instruction et d'éducation, c'est une question sur laquelle on est encore loin d'être d'accord.

Il ne faut pourtant pas chercher le bonheur dans le développement de l'esprit seulement, car on ne saurait l'y rencontrer ; on ne le trouvera que dans le développement harmonique et progressif de chacune des parties de notre être : le corps, l'âme et l'esprit.

L'effet le plus immédiat d'une application intellectuelle excessive est chez le sujet laborieux, l'épuisement précoce du cerveau et de tout le système nerveux et de l'affaiblissement de la constitution. Chez tous, l'immobilité prolongée, si contraire au caractère de l'enfance et aux exigences de la nature dans le jeune âge, engourdit et paralyse les facultés physiques, frappe d'inertie les organes, arrête le développement, éteint toute énergie, amène enfin la langueur et le dépérissement.

De l'aveu des personnes les plus compétentes, la bonne gymnastique, celle qui se pratique avec discernement, est le véritable, le seul moyen d'apporter une compensation vraiment efficace aux travaux intellectuels, de donner à la population des écoles cette fraîcheur, partant cette gaîté juvénile qui procède toujours de la santé du corps et de l'esprit. Elle donne à ceux qui la pratiquent, la connaissance parfaite du jeu des organes et de la puissance dont ils sont doués, connaissance très précieuse dont le défaut porte souvent à la pusillanimité, à la frayeur exagérée dans le moindre danger, aussi bien qu'à la forfanterie et à la témérité par ignorance de la grandeur du péril.

Hygiène. — Au point de vue hygiénique, la constitution des êtres en général, nous démontre suffisamment la nécessité de l'exercice. Dès sa naissance, l'individu est soumis à des mouvements proportionnés aux forces que lui a données la nature. A mesure qu'il prend son accroissement, le besoin de se mouvoir augmente et les organes soumis à l'empire de sa volonté réclament des exercices plus forts et plus violents.

Il est facile de concevoir que les habitants des villes, surtout celles entourées de hauts remparts de défenses militaires, ont particulièrement un besoin urgent des exercices corporels. Les enfants y ont peu de place pour leurs ébats dans la demeure paternelle. Se trouve-t-il, par exception un petit jardin près de la maison, il est utilisé pour la culture des fleurs et des légumes. La cour, si toutefois il y en a une, est le plus souvent affectée comme place de dépôt à quelque exploitation commerciale ou industrielle. Enfin, les enfants veulent-ils prendre leurs ébats sur la place publique qu'ils y sont empêchés par différentes raisons.

Le manque d'air pur dans les rues, dans les salles d'école, dans les logements souvent trop petits, dans les chambres à coucher ; l'obligation des élèves de se tenir longtemps assis à l'école à des tables souvent mal proportionnées à leur taille, la rareté des bains, etc., voilà autant de raisons qui militent en faveur de l'éducation physique dans les villes.

La vie de l'enfant campagnard est bien différente sous ce rapport de celle des citadins. Employé dès son jeune âge à quelques petits travaux champêtres et jouissant d'une plus grande liberté d'action, il marche, il saute, il se démène incessamment. Cet exercice continuel, joint à l'influence d'un air pur, le rend vigoureux et robuste. Devons-nous en conclure que la gymnastique soit inutile aux écoles des campagnes ? Non, mais ici elle a un autre but à remplir.

Si les campagnards sont naturellement plus forts et plus robustes que les citadins, combien sont-ils plus lourds dans leur démarche, plus gauches dans leur tenue et plus empruntés dans leurs mouvements ? Rien de gracieux dans leurs allures, point de souplesse ni d'agilité dans ces corps robustes. Il faut avoir vu la tenue de ces jeunes gens lorsqu'ils arrivent au service militaire pour se faire une idée du bien que leur ferait la gymnastique à l'école, et reconnaître le bien qu'elle leur fait pendant leur présence sous les drapeaux. Leurs travaux agricoles, — sans parler des travaux excessifs, accablants, auxquels des parents ignorants et cupides soumettent quelquefois leurs enfants, — ne sauraient la remplacer, car, pour donner au corps de la souplesse, de l'agilité, de la grâce, les exercices doivent atteindre tous les muscles et être gradués convenablement.

Les filles des campagnes, elles-mêmes, ne sont souvent pas épargnées dans ces travaux qui affaissent le corps de l'enfant, lui courbent le dos et lui effacent la poitrine ; et c'est ce que l'on appelle de la *gymnastique naturelle*.

Le jour où il y aura dans chaque village pour combattre ce mauvais état de choses, des exercices corporels méthodiques, bien dirigés, atteignant tous les groupes des muscles du corps des enfants, alors disparaîtront ces funestes fruits produits par l'excès du travail proportionné.

L'enfant appelé dès l'âge de 5 ou 6 ans à fréquenter l'école, y demeure chaque jour quatre, cinq ou six heures, si ce n'est plus, astreint à une immobilité presque complète et souvent gênante. Cette immobilité, nécessaire au bon ordre de la classe, ne laisse pas d'avoir une influence fâcheuse sur l'organisme de l'enfant, dont les forces diminuent insensiblement par le manque d'exercice et dont la santé s'altère par la grande quantité d'acide carbonique que contiennent ordinairement les salles d'école, après quelques heures de leçons. A mesure que les forces de l'élève diminuent, sa vivacité et son énergie l'abandonnent pour faire place à une apathie nuisible à la croissance et au développement intellectuel. De là à la maladie, il n'y a qu'un pas. Combien de personnes mortes dans l'adolescence, n'avaient-elles pas puisé le germe de leur maladie sur les bancs de l'école? Combien de vie brisées par suite de ces langueurs provenant du défaut de mouvements pendant la jeunesse? Le mal n'est pas sans remède, puisque les exercices gymnastiques nous offrent le moyen de procurer aux enfants le mouvement et l'exercice si nécessaire à leur santé et à leur prospérité.

Beaucoup de parents qui n'ont pas le temps de s'occuper de leurs enfants s'en débarrassent en les plaçant dès l'âge de 2 ou 3 ans dans les asiles ou écoles gardiennes (enfantines), où on les astreint déjà à l'immobilité et à l'étude, et où les maîtresses doivent s'occuper non-seulement de leur instruction, mais encore de leur *éducation*. Que là où ces écoles sont nécessaires, on les organise d'après les principes les plus élémentaires d'une saine pédagogie. Que le développement physique de ces chers petits êtres, si pleins de candeur, de naïveté, de gentillesse, ne soit nullement entravé. Que l'on se borne à diriger, à surveiller leurs jeux et leurs libres ébats, à éveiller leur attention sans les fatiguer, sans les gêner. Qu'ils soient toujours au grand air, lorsque le temps le permet. Froebel, un pédagogue allemand, a donné d'excellentes directions sur l'organisation et sur la tenue de ces écoles, qu'il appelle *Jardins d'enfants*.

Le but final de la culture du corps, c'est de favoriser le triomphe de l'esprit sur la matière ; en d'autres termes, la gymnastique cultivant le corps, se propose de donner à l'esprit un bon et fidèle serviteur, à la fois fort, souple, agile, dur à la fatigue et aussi peu accessible que possible à la maladie. — On peut donc dire que la gymnastique est au corps, ce que l'étude est à l'esprit.

Militaire. — Comme Français, ne devons nous pas tous, à de rares exceptions près, être soldats? Ne faut-il donc pas que nous formions avec toute notre jeunesse, tant celle des villes que celle des campagnes, de vaillants défenseurs de la patrie ? et pour arriver à ce but, de bonne heure déjà, nous devons, par des exercices gradués, endurcir nos enfants contre les fatigues, leur donner la force de supporter les privations et le courage de mourir, s'il le faut.

C'est élever une noble race que d'initier la jeune génération aux peines et aux fatigues de cette vie, c'est lui épargner beaucoup de déceptions, d'humiliations et de souffrances ; c'est lui apprendre à se passer d'une foule de choses qui ne sont point de première nécessité et qui peuvent lui manquer à chaque instant. Celui qui, dès sa jeunesse apprend à maîtriser ses goûts et ses passions, est préparé aux grandes entreprises et aux grandes luttes, qui toutes exigent de la fermeté et de la constance. A-t-on jamais vu un jeune homme, élevé dans les délices, accoutumé à une vie molle et efféminée, qui fût plus tard capable de grandes choses ? Ce serait une pauvre armée qu'une armée composée de soldats de cette espèce.

Qui de nous n'a pas été frappé de la différence existant, par exemple, entre le soldat venant de la campagne et celui sorti de la ville ? De prime abord, nous reconnaissons le premier à sa démarche plus ou moins lourde, à son dos légèrement voûté, portant gauchement cet uniforme qui le gêne, lui, l'enfant des champs, habitué à une entière liberté sous ce rapport. Si par le moyen des exercices que nous entendons, nous arrivons à lui donner cette souplesse qui lui fait défaut, alors il ne lui manquera rien, ce sera un soldat accompli.

Le soldat de la ville, ayant les qualités négatives du premier sera-t-il par le fait un militaire irréprochable ? Qu'il fasse une marche forcée, un service un peu pénible, ici sera le contraste. Des pieds endoloris, une grande fatigue dans les jambes, les épaules s'affaissant sous le poids du sac et du fusil nous le feront connaître, ce qui n'aurait certainement pas lieu si des exercices convenables venaient renforcer ces parties faibles.

Nous ajouterons que toutes ces qualités nécessaires au guerrier, la discipline, la force, l'agilité, le courage, le sang-froid, la confiance en soi-même, l'habitude de supporter les fatigues et les privations, la gymnastique les développe. En cela, elle rend de grands services à l'armée. Le gymnastique peut encore faire plus, en familiarisant l'élève avec certains commandements ; certains mouvements, certaines évolutions militaires qui se combinent facilement avec les exercices gymnastiques (école du soldat, de compagnie, de tirailleurs, tirs à la cible, etc.). Ces exercices, sans uniforme, avec ou sans armes (nous conseillerions l'emploi *de la barre en bois ou en fer* remplaçant avantageusement le fusil pour les exercices de maniement d'armes dans les écoles des campagnes), sont ceux qui procurent le plus de plaisirs aux élèves et aux maîtres. Ils sont un véritable délassement dès qu'on y est un peu initié. Continués et complétés (du *tir* particulièrement) après la sortie de l'école jusqu'à l'âge de vingt ans, pendant quelques jours par mois (ou d'une manière plus sérieuse dans le sein des Sociétés de gymnastique) ils seraient d'une grande portée pour l'armée et pourraient contribuer à abréger le temps de service.

Car il est prouvé que les jeunes gens qui ont fait partie d'une société de gymnastique, d'une façon active sont tous mieux préparés pour payer à vingt-un ans ou même avant, leur dette à la Patrie. Aujourd'hui ils reçoivent au corps des avantages qui leur sont accordés par le Ministère de la guerre, sur la présentation de leur livret individuel portant l'inscription du *brevet* conféré aux membres capables des sociétés de gymnastique. Ces jeunes gens forment ainsi une pépinière d'hommes dévoués, disciplinés, vigoureux, qui sont de précieux auxiliaires dès leur arrivée sous les drapeaux.

En un mot voulons-nous préparer nos enfants à devenir un jour de bons soldats, adroits, légers, souples et en même temps forts et robustes ? Il faut qu'ils fassent tous, à l'école un bon cours de gymnastique. Car la gymnastique peut rendre des services signalés en donnant cette assurance, cette foi, ce sentiment de ses propres forces qui peuvent dans l'occasion sauver la vie. Qui est-ce qui a procuré une si grande supériorité aux anciens et surtout aux Grecs ? N'est-ce pas la gymnastique qui était devenue pour eux un véritable art ? N'est-ce pas leur culture physique, aussi bien que leur culture intellectuelle qui les a rendus maîtres d'une nation cent fois plus grande que la leur ?

Moral. — Au point de vue moral, la gymnastique rendra un immense service, surtout dans les villes. L'enfant de la ville, fatigant son esprit et non pas son corps, devient lascif; il est homme avant l'âge, a dit le docteur Guillaume, une secrète passion l'accable sans cesse et aucun moyen ne se présente à lui pour vaincre cet irrésistible penchant, que sa nourriture, son peu de mouvement, augmentent sans cesse. Chacun sait combien cette funeste passion des jeunes enfants est plus répandue dans les villes que dans les campagnes et combien cette habitude une fois prise est difficile à extirper. La gymnastique, en fatigant le jeune homme, changera le cours de ses idées, tourmenté déjà par les exhortations, les conseils et les menaces qu'il entend, n'étant plus autant sollicité et convié par son corps fatigué, il finira par rompre bientôt avec ce vice.

La gymnastique moderne communique à toutes les parties du corps des qualités qu'elles n'ont pas naturellement; bien dirigée, elle donne au corps de la grâce et de la force, elle développe les formes qui font la beauté du corps, elle procure cette fraîcheur du teint qui est la preuve à tout âge d'une santé brillante. Avec la valeur physique grandira la valeur morale; l'être tout entier deviendra fort et, préparé de cette façon, l'adolescent marchera d'un pas plus assuré dans le rude sentier de la vie.

On a dit avec raison qu'il vaut mieux soigner sa santé que sa maladie; cela est exact pour les nations comme pour les individus. Apprendre à un peuple à conserver et à fortifier ses facultés physiques et vitales, sera encore meilleur que d'être obligé de multiplier les asiles pour les malades, les infirmes et les aliénés.

Ecole. — Si nous désirons que la gymnastique soit enseignée à l'école, c'est aussi comme moyen disciplinaire, au point de vue de la tenue, des convenances, etc. Dans une école bien dirigée règnent l'ordre, la propreté, l'attention et l'obéissance. La leçon de gymnastique exige les mêmes qualités et les élèves ne sont plus entraînés au relâchement et à la dissipation, suite d'une trop grande tension d'esprit; car en classe ils sont retenus par leurs devoirs, par leurs occupations, la crainte du maître et un certain esprit de discipline. Si une plus grande liberté leur est accordée à la leçon de gymnastique, c'est pour qu'ils puissent développer à l'aise leurs forces corporelles ; mais ici doit régner cette retenue que l'esprit ne doit jamais cesser d'exercer sur le corps.

Les exercices du corps ont aussi de bons résultats dans la classe. Un enfant qui est en bonne santé et dont les forces physiques auront été développées, aura beaucoup plus d'aptitudes à l'étude que celui qui est chétif et malade. Au point de vue de la tenue, il est facile de reconnaître l'écolier qui suit les leçons de gymnastique par sa bonne attitude en classe et par quelque chose d'aisé, d'agréable dans ses moindres mouvements. Si l'élégance et les exigences de la société gagnent aux exercices gymnastiques, nous dirons que ces exercices combinés méthodiquement ont aussi un effet immédiat sur tout le système musculaire et préparent peu à peu les organes à résister aux positions anormales du corps, en les habituant à subir l'empire de la volonté.

Celui qui, au contraire, reste inactif ou qui opère des mouvements sans méthode, subit vite les fâcheuses conséquences d'une mauvaise tenue. Toutes les positions lui sont pénibles, la force lui manque pour lutter et, en un mot, il n'est pas maître de lui-même. Le relâchement presque complet de ses muscles lui fait redouter le plus petit effort. Les exercices gymnastiques sont donc une des bases les plus importantes et les plus fécondes de l'éducation physique. Par ce moyen, nous donnons à l'élève le courage et l'énergie, l'activité et la virilité, l'agilité et la vigueur; et c'est à notre avis, ce côté qui rattache la gymnastique à l'école, tant il est vrai que des exercices corporels adroitement dirigés peuvent devenir une école de discipline et d'ordre, dont l'effet fécond profitera non-seulement à la vie gymnastique, mais aussi à l'ensemble de la vie d'école ; ils seront par là indirectement utiles à la vie sociale et de l'État et surtout au service militaire en aidant à consolider l'ordre, la régularité, la discipline et les lois. Adolphe Spiess, le fondateur de la meilleure méthode de gymnastique pédagogique l'a dit : « La vie d'école sans la vie gymnastique n'est qu'une vie à demi, de même aussi la vie gymnastique séparée de la vie d'école n'est et ne sera qu'un pis aller. »

Jusqu'à ce jour on ne fait rien dans la plupart de nos écoles primaires ou à peu près rien pour le corps ; développer l'esprit des élèves, le développer rapidement même, au détriment de la santé, sans tenir compte d'aucune considération hygiénique, tel est le but que l'on poursuit. Obtient-on des hommes instruits ? peut-être ; mais à quel prix ? Jetez les yeux autour de vous ; que d'êtres maladifs ! que de jeunes vieillards ! que de baromètres humains ! On nous dira que cela provient des mœurs déréglées de notre époque ; nous répondrons que ces mœurs sont la conséquence du manque d'exercices corporels ; l'esprit subjugue, anéantit le corps. Pour maintenir l'équilibre il ne faut pas développer avant le temps et faire pousser comme en serre chaude les facultés intellectuelles aux dépens des forces physiques. Quelques gouvernements ont heureusement compris cette vérité, et ils ont rendu la gymnastique obligatoire dans *toutes les écoles* de leur pays. Nous les en félicitons bien sincèrement.

Nous ne doutons pas que l'idée d'enseigner la gymnastique ne sourira pas à tous les instituteurs. D'abord, ceux qui ont quelques lustres de service ont sans doute perdu de leur souplesse et devront vaincre une certaine répugnance ; toutefois, qu'ils ne perdent pas courage, car il ne s'agit pas de faire des sauts périlleux, des cabrioles, des tours de force ou d'adresse. Avec un bon guide et quelques élèves intelligents le maître aura peu à faire ; d'ailleurs un peu de mouvement fera grand bien à ses membres endoloris et l'exercice qu'il redoute tant ne lui sera que très salutaire et lui fera perdre la raideur qu'on lui reproche quelquefois. Au pis aller, s'il ne lui était pas possible de se charger de cet enseignement, il trouvera peut-être dans le voisinage un collègue plus jeune, avec lequel il échangera cette branche contre une autre. Après l'âge de cinquante ans on pourrait exempter le personnel de cet enseignement.

Plusieurs instituteurs craignent un surcroît de travail sans compensation aucune ; ils trouvent les programmes déjà bien chargés. D'autres craignent de perdre de leur dignité en faisant des exercices corporels avec leurs élèves. Ces objections ne reposent sur aucun fondement, car l'instituteur s'il sait maintenir une bonne discipline n'a rien à craindre pour sa dignité, l'expérience le prouve chaque jour. C'est avant tout aux instituteurs à se familiariser avec l'idée qu'ils doivent veiller non seulement au développement intellectuel et moral, mais aussi au développement physique de leurs élèves, et ce n'est que par la gymnastique qu'ils y arriveront.

Pour que la gymnastique soit salutaire à la santé, il faut qu'une bonne et unique méthode soit suivie, que les exercices aux engins diminuent, et que les tours de force et de casse-cou cessent complètement et soient remplacés par de bons exercices d'ordre, des exercices libres et des jeux rationnellement combinés et variés, afin que tous les groupes de muscles fonctionnent d'une manière harmonique et que les leçons deviennent pour les élèves de véritables jeux amusants et récréatifs. Les parents ne chercheront pas alors à faire exempter leurs enfants des leçons car ils reconnaîtront bientôt que la vraie gymnastique est une récréation utile à la santé et un moyen éducatif excellent.

Pour vaincre les difficultés pratiques d'enseigner cette branche trois ou quatre fois par semaine, ainsi que l'exige la loi, malgré le grand nombre de branches des programmes et le peu de temps dont on dispose, nous ne voudrions pas voir substituer la gymnastique à une autre branche. — Elle ne doit supplanter aucune de ses sœurs, — mais seulement réclamer une modeste place à leurs côtés. La gymnastique doit faire partie intégrante des programmes, c'est-à-dire être considérée à l'égal des autres branches, soumise à la même direction et par conséquent à la même discipine. Qui dit enseignement dit plan et méthode ; or il est, à notre avis, impossible de suivre un plan et une méthode, si l'enseignement n'a pas ses heures proportionnelles dans l'ensemble de l'éducation.

On s'imagine bien à tort, que pour que l'enseignement de la gymnastique soit fructueux, il faut posséder toutes sortes d'engins et appareils, exécuter toute espèces de tours de force frisant souvent l'acrobatie ; cette erreur a été jusqu'à présent l'un des plus graves obstacles au progrès de la gymnastique. Nous devons avouer que si telles sont les idées que l'on se fait de cette branche d'éducation, l'hésitation que l'on met à la faire figurer sérieusement au plan d'études se justifie parfaitement. Mais nous pouvons faire de la gymnastique scolaire sans cette quantité d'appareils, et l'on a substitué à ces exercices brillants et hardis que nous voyons dans les fêtes publiques, une gymnastique plus simple, plus en harmonie avec les principes pédagogiques ; de sorte qu'il ne dépend plus que de la bonne volonté des autorités, des instituteurs et des parents d'appliquer sérieusement la loi du 27 janvier 1880, et de faire participer toute la jeunesse française aux bienfaits de la gymnastique.

La gymnastique est une garantie de santé, de moralité et de patriotisme, toutes choses bien précieuses et qu'on ne saurait jamais payer trop cher, mais il ne s'agit pas ici de payer ; il s'agit seulement de vouloir, d'exprimer un désir, car il est certain que du jour où l'on *voudra* la chose sérieusement, tous les instituteurs, du moins les jeunes, seront transformés en maîtres de gymnastique sans bourse délier. Quant aux frais d'établissement, ils ne sont pas considérables. A la rigueur, la place destinée aux récréations ordinaires les jours de beau temps, la salle même de l'école les jours de pluie, peuvent tenir lieu de gymnase.

Reconnaissons que si la gymnastique n'a pas toujours répondu à l'attente de beaucoup, c'est que l'on a méconnu sa nature, son mode d'action et ses effets, et que l'enseignement de cette branche d'éducation n'est pas encore arrivé à la hauteur qu'il doit atteindre dans un pays libre, chez un peuple jaloux de la réputation de ses institutions scolaires.

III

La gymnastique pour les filles. — Les exercices gymnastiques sont aussi nécessaires à la jeune fille qu'au jeune garçon, car chez tous ils peuvent prévenir certaines maladies, activent la circulation du sang et le développement des poumons.

Au point de vue de l'hygiène, aussi longtemps que des améliorations n'auront pas été introduites dans l'ameublement des salles d'école de ce sexe, on devra insister pour que l'on introduise partout l'enseignement obligatoire de la gymnastique, — de cette gymnastique douce et gracieuse qui développe et fortifie, — afin de combattre les influences funestes de la position assise trop prolongée.

Car disons-le, les jeunes filles ne trouvent pas suffisamment de compensation dans les jeux de récréations, et d'ailleurs les parents ne leur permettent en général pas, surtout depuis l'âge de 12 à 13 ans, de s'ébattre librement comme elles seraient tentées de le faire, si elles pouvaient suivre leurs penchants naturels.

Si l'on réfléchit que les jeunes filles seront un jour mères d'une génération future, et que la santé et la prospérité physique et intellectuelle de nos enfants dépendent de la santé des mères, cette unique considération doit suffire pour attirer l'attention des hommes d'Etat et pour déterminer les législateurs d'introduire la gymnastique élémentaire dans toutes les écoles.

Dans les classes aisées surtout, on restreint les récréations libres des jeunes filles de peur qu'elles ne prennent des manières rustiques. Elle n'ont guère d'autre exercice corporel que la danse, trop fatigant pour de faibles constitutions. Et pourtant que de milliers de jeunes filles ont emporté du bal les germes d'une maladie incurable ? Consultez les docteurs. La gymnastique rationnelle, loin de proscrire la danse, s'en empare, la décompose dans ses mouvements principaux, la perfectionne, en fait, comme l'a dit un célèbre professeur de gymnastique, *la poé-*

sie du mouvement. La jeune fille, fortifiée physiquement, la supportera avec moins de dangers.

Au point de vue thérapeutique, la gymnastique est encore d'un grand secours, puisqu'elle arrête et guérit même un certain nombre de maladies du système musculaire et du système nerveux. Les névralgies de la tête et de la poitrine, dues à une trop grande affluence du sang, les digestions difficiles, la constipation, l'hypocondrie, la mélancolie, les dérangements des menstrues ou l'absence totale de leur apparition, sont autant de cas qui trouvent dans la gymnastique, sinon une guérison au moins secours et amélioration.

On remarque aujourd'hui que, parmi les enfants de toutes les conditions, particulièrement chez les jeunes filles, les déviations de l'épine dorsale et toutes les infirmités que nous venons de signaler deviennent toujours plus fréquentes. Les causes principales de ce mal ne sont-elles pas cet état maladif, cette faiblesse des muscles et des nerfs qui domine dans la population de nos écoles et qui paraît devenir de plus en plus générale ?

On s'explique suffisamment pourquoi ces déviations et ces maladies sont plus fréquentes chez les filles que chez les garçons. Le corps de la femme est plus faible par sa nature, et il succombe par conséquent plus facilement à toutes les mauvaises influences auxquelles il est exposé. Les jeunes filles surtout ne se donnent jamais assez de mouvement pour contrebalancer les mauvaises influences d'une vie trop sédentaire. L'obligation d'être toujours assises et les mauvaises positions qu'elles prennent dans leurs travaux de couture, de broderie et de tricot, ainsi que devant leur piano, méritent une attention sérieuse.

La gymnastique employée convenablement fournit des moyens efficaces pour combattre bien des maladies à leur origine et pour guérir des déviations déjà commencées.

Les Grecs et les Romains des premiers temps avaient bien compris la nécessité de l'éducation corporelle pour la femme. Qui ne connaît la renommée des belles filles de Spartes ? Ce n'était pas seulement à leur climat, à leur soleil et à la liberté dont elles jouissaient qu'elles devaient les avantages physiques qui les distinguaient des autres filles de la Grèce, mais à tous les exercices auxquelles elles pouvaient se livrer d'autant mieux que leur constitution était saine et vigoureuse et qu'elles étaient préparées pour la gymnastique par une éducation d'enfance.

C'est la gymnastique qui a créé cette race de femmes vaillantes qui disaient à leurs fils en les armant du bouclier : *Reviens dessus ou dessous.*

L'Allemagne, la Suisse, l'Angleterre surtout se sont inspirées de ces exemples. *Mon enfant ne croît qu'une fois,* disent les Anglaises, *elle a tout le temps d'apprendre.*

Qu'on nous permette de citer ici à ce sujet quelques lignes d'un homme qui a des plus contribué au développement de la gymnastique en France.

« Le mouvement, la gymnastique, dit M. Paz dans son bel ouvrage de la *Gymnastique raisonnée*, une gymnastique douce, bien entendue, adaptée à ses forces et à ses besoins, est aussi nécessaire à la femme que l'air et l'espace à l'oiseau du ciel. Sa constitution éminemment nerveuse réclame impérieusement ce régime.

» Répétons-le une fois encore : on peut être femme du monde sans avoir une constitution de papier mâché. On peut être femme d'esprit sans être frêle et maladive; on peut être jolie à ravir sans avoir la paleur morbide d'une poitrinaire. Une femme belle est deux fois belle lorsqu'elle est bien portante.

» Epouse et mère : telles sont les destinées de la femme. Destinées nobles et auxquelles elle doit savoir faire les plus grands sacrifices. Veut-on des soldats robustes et énergiques ? Qu'on façonne des femmes capables de concevoir, d'enfanter et de nourrir. C'est la pierre angulaire du problème. Tout ce qui veut passer à côté, n'est qu'erreurs et illusions.

» Faites donc de l'exercice, mesdames, dans l'intérêt de votre beauté et de votre grâce, autant au moins que dans celui de votre santé et de la beauté de votre descendance. Vous aurez beau résister, vous ferez de la gymnastique ! Peut-être pas aujourd'hui, peut-être pas demain, ni dans huit jours, ni dans un mois, mais vous en ferez car l'avenir de l'humanité en dépend, et le jour n'est pas éloigné où les législateurs l'imposeront *obligatoirement* à vos filles comme ils l'ont imposée à vos garçons. »

Avant de terminer cette étude sur la nécessité de l'enseignement de la gymnastique dans les écoles, nous croyons utile de donner aux instituteurs quelques renseignements sur la façon de pratiquer et traiter la matière, en dehors, bien entendu, des dispositions générales contenues dans la circulaire du Ministre de l'Instruction publique, formant l'introduction du Manuel officiel.

La gymnastique pédagogique, qui est celle dont nous nous occupons spécialement ici, comprend, dans son ensemble, des *exercices d'ordre*, des *exercices libres* ou *préliminaires*, des *exercices aux engins* et des *jeux*.

Par *exercices d'ordre* on entend le placement et l'arrangement des élèves pour former les rangs, et les différentes dispositions pour la formation des colonnes au moyen des rangs. On entend aussi par cette dénomination les diverses positions ou figures que l'on peut obtenir au moyen d'un certain nombre d'élèves, exécutant soit des déploiements de colonne et de rangs, des conversions, des rotations, soit des formations de groupes plus ou moins variés, sections, pelotons, etc., constituant ce que l'on appelle l'*école du soldat*, laquelle est, on le sait, une des bases de l'éducation militaire.

Les mouvements d'ordre s'exécutent donc soit sur place, soit en marchant et en courant.

Les *exercices libres* ou *préliminaires* « *præ* » avant, « *liminis* » entrer, — appelés aussi *mouvements d'assouplissement*, — sont ainsi nommés parce qu'ils constituent la base, le principe de la gymnastique. Ce sont des mouvements préparatoires exécutés individuellement ou simultanément et qui préparent les muscles des élèves aux mouvements plus compliqués, ainsi qu'aux exercices plus violents des appareils. Exécutés sans engins portatifs, ils rendent le corps de l'élève libre dans tous ses mouvements ; ils consistent en exercices que le corps peut exécuter sur la surface du sol en n'ayant que celui-ci pour point d'appui naturel. Ils contribuent principalement à la beauté du corps et à l'agilité, et ils sont d'une haute utilité, parce qu'ils font agir les extrémités du corps qui s'exercent beaucoup moins aux engins.

Lorsque ces exercices sont exécutés simultanément et en mesure, par un nombre plus ou moins grand d'élèves, ils s'appellent des *mouvements d'ensemble*. Ces derniers se combinent avec des exercices d'ordre, et se font également avec des engins portatifs, tels que haltères, barres à sphères, xylofers, massues, etc., non seulement dans la station debout, mais aussi en marchant, en courant, en sautillant, en tournant et étant couché. Ils découlent tous des préliminaires et des différentes positions, et s'exécutent dans n'importe quelle formation de rangs et de files ouvertes. Aussi peut-on les varier à l'infini.

Ces mouvements mettent en jeu la presque totalité des muscles du corps ; c'est pourquoi dans l'enseignement pédagogique on doit leur attacher une très grande importance. Les mouvements préliminaires d'ensemble, forment, à notre avis, ce que l'on peut appeler la *grammaire de la gymnastique*.

On exécute aussi des exercices d'ensemble aux engins, tels qu'aux perches à grimper, aux barres parallèles, aux barres à suspension, aux sautoirs, aux échelles, etc., pourvu que ces appareils se trouvent en nombre suffisant et soient disposés convenablement. Ils présentent le grand avantage d'occuper un nombre plus ou moins grand d'élèves à la fois, et à côté de l'émulation que cela procure cela facilite les progrès dans les classes nombreuses. Ils peuvent donc par ce moyen être considérablement perfectionnés pour la gymnastique pédagogique.

Les *exercices aux engins* sont ceux qui sont exécutés avec un engin mobile ou fixe ; ils consistent principalement en exercices de *suspension* et en exercices d'*appui*. Les engins à *suspension* sont : les anneaux, le trapèze, la barre à suspension (reck), les échelles verticales, obliques, horizontales, en bois ou en corde ; les perches et les cordes à grimper, verticales, obliques ou horizontales, fixes ou oscillants, lisses ou à nœuds, à consoles, à perroquets, etc. Les engins à *appui* sont principalement les barres parallèles, les barres mobiles, les poutres horizontale, d'appui ou d'équilibre, la poutre avec arçons, le cheval, le mouton, etc. Les sauts constituent un troisième genre d'exercices; ils se produisent en longueur, en hauteur et en profondeur et s'exécutent sous différentes formes très variées.

Deux forces produisent les mouvements des membres : la *force d'extension*, et la *force de flexion*. Si la force d'extension des membres et des muscles porte le corps, cette action s'appelle l'*appui*, si, au contraire la force de flexion, la force de la contraction des membres et des muscles tient le corps, c'est l'action de la *suspension*.

Les *jeux gymnastiques*, — qui doivent dans la règle toujours terminer une leçon, — se composent de récréations vives et animées, faites avec ordre, obéissance et liberté. Ils sont le complément de notre vie d'école et de notre vie gymnastique. Ils procurent aux élèves cette gaîté et cette espièglerie qui font le charme des récréations, et ils sont utiles en ce sens qu'ils laissent dans l'esprit de l'élève un souvenir agréable qui l'engage à revenir avec un nouveau plaisir aux leçons suivantes.

Wieland a dit : « Les jeux sont la première et l'unique occupation de notre enfance, et nous restent le plus agréable souvenir pendant toute notre vie. »

Dans la répartition des exercices qui conviennent à chaque âge, il y a trois divisions bien marquées. Ce sont :

1° La première enfance, soit l'âge de 4 à 7 ans ;

2° La seconde enfance qui comprend les élèves de 7 à 12 ans.

3° L'adolescence, de 12 à 17 ans.

Les exercices pour les jeunes enfants en dessous de 7 ans, consistent simplement en exercices d'ordre faciles, en petits exercices préliminaires libres et en jeux, dans la première année surtout que l'on ne fasse rien d'autre ; dans la seconde année l'on commencera des exercices avec engins portatifs et avec appareils, tels que les exercices de saut en longueur et en hauteur, la longue et la petite corde, etc.

De 7 à 10 ans, les muscles et les os n'étant pas encore bien durs, il ne faut faire exécuter que des exercices n'exigeant pas de trop grands efforts, ni une tension d'esprit trop soutenue. A partir de 10 ans, on peut déjà faire des exercices qui exigent de l'ordre, de l'attention et de la force ; on peut alors exécuter un peu plus les suspensions et les appuis aux appareils.

De 12 à 17 ans, qui est l'âge où le corps de l'enfant se développe le plus, les exercices doivent s'exécuter avec toute la plénitude de la force de tension dont les muscles sont susceptibles. C'est particulièrement à cet âge, c'est-à-dire au sortir de l'enfance, que l'éducation physique doit venir en aide à la jeune fille pour supporter les changements physiques et physiologiques auxquels sa nature délicate va être soumise.

La méthode qui régit aujourd'hui l'enseignement de la gymnastique est basée sur l'expérience et les lois physiologiques. Elle procède systématiquement et par succession, c'est-à-dire qu'elle s'attache soigneusement à commencer par des exercices simples et faciles, en augmentant peu à peu leur intensité pour arriver ainsi de degré en degré aux plus grands efforts. On fait de même succéder à chaque exercice un exercice différent, à chaque appareil un appareil d'une autre nature. Ainsi des exercices de suspension, on passera aux exercices d'appui ou aux sauts et vice versa.

Pour enseigner avec fruit la gymnastique, l'instituteur doit connaître les principales notions d'anatomie, de physiologie et d'hygiène, car il doit toujours conformer l'enseignement aux nécessités corporelles des élèves, leur donner des conseils et au besoin corriger certains défauts de conformation. Il doit pouvoir apprécier l'effet de chaque mouvement, savoir coordonner les exercices de façon à provoquer un développement rationnel et complet des organes tout en évitant les excès. Car de même qu'un faux remède ou une potion trop forte est dangereuse pour les malades, de même un exercice exagéré et au-dessus des forces des élèves leur est aussi nuisible. Au commencement, on ne doit jamais fatiguer entièrement ou trop fortement les forces des enfants, car sans cela, la fatigue qui ôte le plaisir que l'on trouve aux exercices arrive trop tôt et peut facilement affaiblir au lieu de fortifier. Dès que le sentiment de fatigue devient désagréable, il faut cesser les exercices; mais cependant il ne faut jamais passer brusquement des mouvements violents au repos complet; ceci est surtout à recommander dans les exercices de la course.

Pour que l'enseignement de la gymnastique produise à la fois un effet salutaire sur la santé et une heureuse diversion aux travaux intellectuels, il faut que l'exercice se fasse tous les jours, pendant vingt minutes au moins entre chaque intervalle de deux classes. Ceci est surtout à recommander pour les classes inférieures; plus tard, le nombre des leçons hebdomadaires pourra graduellement être diminué, mais sans qu'il n'y ait moins de deux heures de leçon pour chaque classe. A notre avis, il vaut mieux faire des leçons plus courtes, mais les répéter tous les jours, que d'en faire de longues une ou deux fois la semaine. L'importance du développement des enfants l'exige.

Si la gymnastique doit devenir une branche d'enseignement d'une importance égale à celle de l'enseignement intellectuel, si elle doit faire partie de l'école et être un facteur de l'éducation de la jeunesse elle doit aussi être pratiquée comme les autres branches, été et hiver.

Jusqu'au moment où l'on possédera — ainsi que l'exige l'installation des nouveaux bâtiments scolaires — des locaux *ad hoc* fermés pour l'hiver (d'une température minimum de 7° de chaleur) on utilisera les salles d'école pour l'exécution des exercices d'ordre et d'assouplissement dans l'extension la plus large possible, exercices pour lesquels on placera les élèves entre les bancs et le long des murs.

Dans les communes où se trouve une place libre quelconque on cherchera à l'utiliser pour en faire une place de gymnastique, car on doit exercer en plein air chaque fois que le temps le permet, en n'oubliant jamais que l'air est la première nourriture de l'enfant, dont les forces physiques et vitales ne se développent qu'à la condition qu'il ne manque ni de lumière, ni d'air pur, ni d'espace.

Autant que possible et particulièrement lorsqu'elles sont nombreuses, chaque classe de l'école doit former une classe de gymnastique et être instruite séparément. Cependant de temps en temps on réunira toutes les classes pour exécuter des exercices et des jeux en commun et quelquefois on réunira même les écoles voisines pour l'exécution soit des grands mouvements d'ordre se rapportant à l'école du soldat, et des mouvements d'ensemble, soit pour une petite fête de gymnastique de la jeunesse des écoles.

Comme division du temps, nous dirons que là où la gymnastique régulière ne consistera qu'en exercices d'ordre et en préliminaires, on vouera à ces exercices la moitié de la leçon, et la seconde aux jeux; là où l'on pratique aussi la gymnastique aux engins, on pourra employer, pour une leçon d'une heure : un quart d'heure aux exercices d'ordre et libres, une demi-heure à ceux aux engins et un quart d'heure aux jeux.

Dans les exercices aux engins, les élèves eussent-ils tous la même assiduité, n'arriveront pas tous au même point de développement, surtout lorsque les exercices exigent plus de force et d'adresse, parce que ces qualités ne peuvent jamais être développées chez tous les élèves au même degré. C'est pourquoi aux engins l'instituteur rangera ses élèves suivant leur degré de force et d'agilité, tandis que dans les exercices d'ordre et les préliminaires, ils les placera par rang de taille.

Les exercices doivent être gradués dans chaque leçon et dans tout le cours, ils formeront un tout complet pour chaque âge ou chaque catégorie d'élèves. Le maître doit savoir donner à son enseignement un intérêt qui lui captive l'attention de tous les élèves, de l'adresse et de la précision dans le commandement, qu'il ne soit pas embarrassé, mais qu'il comprenne bien ce qu'il veut faire exécuter et qu'il donne à son enseignement l'attrait de l'intuition en exécutant lui-même les exercices avec la grâce et la précision voulues. — Telles sont les qualités que doit posséder l'instituteur pour enseigner avec succès la gymnastique à ses élèves.

En terminant, nous devons dire un mot des *promenades topographiques*, que l'on appelle aussi *courses* ou *promenades gymnastiques*.

Dans le but d'habituer ses élèves à supporter la marche et de leur apprendre à connaître le pays, le peuple et ses mœurs, le maître devrait de temps en temps dépasser les limites de la ville ou du village et parcourir avec eux la campagne dans tous les sens. De telles marches à la durée à travers les champs et les forêts, villes et villages, collines et vallées, devraient former une partie des plus importantes de la gymnastique, surtout à notre époque, ou par les nombreux chemins de fer et autres moyens de communication, les longues courses à pied sont devenues très rares pour une grande partie de la population, au grand préjudice de l'armée.

Ces promenades en commun, sous la direction du maître d'école, devraient se répéter souvent et suivant l'âge des élèves. Peu à peu on pourrait ainsi parcourir tous les environs du lieu du domicile, à la distance de quelques lieues dans toutes les directions, avec des variations diverses; avec les plus grands élèves elles pourraient avoir une durée d'une demi-journée d'une journée entière et même de plusieurs jours. On donnerait ainsi aux élèves dans ces promenades les premières leçons de géographie par la vue de la réalité.

Ces excursions contribueraient immensément au développement physique, intellectuel et moral de notre jeunesse, car, dit Spiess, « là seront fortifiés l'esprit et le cœur des enfants, non par des livres, mais par la vue de la nature vivante et riche. »

En pratiquant la gymnastique, l'instituteur se convaincra facilement de la grande influence pédagogique de cette branche, et s'il sait donner cet enseignement conformément aux prescriptions qui précèdent, occupant ses élèves non-seulement physiquement, mais aussi intellectuellement, observant la discipline et l'ordre, il appréciera alors ce qu'est la gymnastique par rapport à l'école, et il l'aimera comme une branche inséparable de son enseignement.

En publiant ces quelques pages en faveur de l'éducation physique de l'enfant, nous n'avons été guidé que par l'unique désir de voir mettre en pratique, par une application prompte et sage de la gymnastique, ce bel adage des anciens :

« *Un esprit sain dans un corps sain.* »

Léon GALLEY
Professeur de gymnastique à Arras.

Arras. Imp. SUEUR-CHARRUEY.